Aurora

Also by Pura López-Colomé

In Spanish:

Música inaudita
La tragaluz de noche
Éter es
Intemperie
Aurora
Un cristal en otro
El sueño del cazador

In English translation:

No Shelter: The Selected Poems of Pura López-Colomé
    (translated by Forrest Gander)
Mother Tongue: Selected Poems by Pura López-Colomé
    (translated by Lorna Shaughnessy)

Pura López-Colomé

Aurora

translated by Jason Stumpf

Shearsman Books
Exeter

First published in in the United Kingdom in 2007 by
Shearsman Books Ltd
58 Velwell Road
Exeter EX4 4LD

www.shearsman.com

ISBN-13 978-1-905700-38-7

ISBN-10 1-905700-38-5

Original poems copyright © Pura López-Colomé, 1994
Translations copyright © Jason Stumpf, 2007.

The right of Pura López-Colomé, to be identified as the author, and Jason Stumpf tbe identified as the translator, of this work has been asserted by them in accordance with the Copyrights, Designs and Patents Act of 1988. All rights reserved. No part of this publication may be reproduced, stored in a retrieval system, transmitted in any form or by any means, electronic, mechanical, photocopying, recording or otherwise, without the prior permission of the publisher.

Cover photograph by Alberto Darszon.

Acknowledgements

We are grateful to Pura López-Colomé for permission to reprint the original texts of the poems in *Aurora*.

The publisher gratefully acknowledges financial assistance for its 2005-2007 publishing programme from Arts Council England.

CONTENTS

La aurora	7	Aurora
El anfitrión y su criatura	31	The Host and His Creature
Las aves	51	The Birds
La noche	73	Night
Los elementos del corazón	105	The Elements of the Heart
	124	*Notes*
	125	*Translator's Acknowledgements*

> The Heart in man Signifieth
> the Heat, or the Element of Fire and
> it is also the Heat; for the Heat in
> the whole Body, hath its Original
> in the Heart.
> — Jakob Böhme, *Aurora*

LA AURORA

:

AURORA

A BUEN RESGUARDO

I

El otro mundo.

La luz me abrió sus puertas
cuando quería seguir el cauce
de este sueño
grave, ensombrecido,
en dirección contraria al día.
Una dorada catarata,
agujas finas,
penetraba mi ceguera:
polvo de cristal,
palabra nunca vista,
aurora.
Nuevo el peso.
Nuevo el brillo.
Regalo de bodas colectivas,
paraíso en la manzana de la ciencia,
jugo verdadero,
gozo a tiempo.

TO GOOD SHELTER

I

The other world.

Light opened its doors to me
when I wanted to follow the course
of that solemn,
dark dream
in a direction against the day.
A golden waterfall,
fine needles
pierced my blindness:
crystal dust,
word never seen,
aurora.
New balance.
New brilliance.
Gift of group weddings,
paradise in the apple of science,
true juice,
joy in season.

2

Este mundo.

Un sonido a ratos seco,
metálico,
de goma a ratos,
ha poblado la mañana desde entonces.
Ha opacado poco a poco
cantos de pájaros diversos,
graznidos llenos de costumbre,
viento entre los setos,
esperanza vegetal.
Un hombre coloca con minucia inagotable
una teja y otra en el techo del hogar.
Debe ser el dueño.
Su tarea es como ninguna,
puntual, deseosa, irrefrenable.
Aquel sonido no parece tener eco,
va en su busca,
en busca de la aurora.
Quienes vivan debajo
serán voces que regresan,
de sí mismas se alimentan
bajo techo.

2

This world.

A sound at times dry,
metallic,
rubbery at times
has finally overtaken the morning.
Little by little it has darkened
the songs of various birds,
caws of custom,
wind through the hedges,
green hope.
A man places with careful attention
one shingle then another on the roof of a house.
He must be the owner.
His work is unmatched,
exact, wishful, irrepressible.
That sound doesn't seem to have an echo,
it goes in search,
in search of the aurora.
Those who live beneath
become voices that return,
that feed off one another
under this roof.

3

El dueño se ha dignado sonreírme.
El oro de sus dientes
me ha cortado el habla de raíz.
A buena hora,
diría, si pudiera.
A buen resguardo.

3

The owner has deigned to smile at me.
His golden teeth
cut me to the core.
In good time,
I'd say, if I could.
To good shelter.

I

Construyes los días,
los edificios de tu vida.
Hablando con las cosas,
te vas metiendo en ellas
paso a paso,
entre las olas cadenciosas
del sueño.

Te veo ver el movimiento.
Los actos, la naturaleza
de milagro.
Se va cerrando así la base
de tus pétalos.
Palpo entre mis párpados
su ausencia.

II

El viento ronda
los espacios que tú habitas,
susurrando caricias diferentes.
Mi mano se derrite
ahí,
donde no hace falta
nada.
La piel se te ha cauterizado
dulcemente.
Y sugues *viva*.

I

You build the days,
the structures of your life.
Talking with things,
you get mixed up in them
step by step,
between the rhythmic waves
of dream.

I watch you watch the moves.
The acts, the nature
of miracle.
And so, the base of your petals
begins to close.
Palpable under my eyelids,
the absence.

II

Wind circles
the spaces where you live,
whispering its caresses.
My hand melts
there,
where nothing is
lost.
Your skin has been cauterized
sweetly.
And still you're *alive*.

III

Muchos son tus cielos,
tantas tus esferas
girando en una sola
tierra abierta,
en cuyo centro hierve
el agua de la luz.
Su recuerdo da la vista
a quien no deseaba nada
segundos antes de la muerte.
El oído, y dentro,
el eco breve de una gruta.

IV

Se entona, rompe,
despunta el paso
de ligeros dedos
sobre el teclado de cristal.
Dibujo lento,
azul recién nacido:
sus puntos ya se encienden
tras las cáscaras oscuras.

III

Many are your heavens,
plentiful your spheres
turning as a lone,
open earth,
in whose center boils
the water of light.
Its memory brings vision
to those who make no last request
before dying.
The ear, and within,
the cave's brief echo.

IV

Intoned, broken,
blunted, the passage
of light fingers
over crystal keys.
Slow drawing,
newborn blue:
its points shine
against dark shells.

V

Gracias al rayo del principio
pude hilvanar, casi esfumadas,
las siluetas
de los árboles perfectos,
cuerpos ebrios y sutiles;
su gracia me fue alzando
como un sauce,
y como tal me vi en el agua
donde temblaba el pensamiento,
su pobre ser estremecido
ante umbrales superiores.

VI

Aurora,
tus ojos son el aire.
Se absorben
y sienten
en lo recóndito de un eco.
Aquél.

Vienes al mundo
abrevando largamente
en su respiración.
Has dragado esa laguna
de sonrisas, sorpresas,
temor, llanto, misterio:
te fluye entre los labios
el *nombre* de las cosas.

V

Thanks to the first ray
I could thread together, hardly visible,
the silhouettes
of perfect trees,
drunk and subtle bodies;
its grace raised me up
like a willow,
and as such I saw myself in the water
where thought trembled,
its poor essence shaking
before higher thresholds.

VI

Aurora,
your eyes are air.
They absorb
and sense themselves
hidden in an echo.
There.

You near the world,
drinking it
in with your breath.
You've dredged the lagoon
of smiles, surprises,
fear, crying, mystery:
between your lips flows
the *name* of things.

VII

Así dispuestas,
las gotas suspendidas
en la punta de cada hoja
anuncian cielos,
sudarios del otoño o del invierno
que aún exhalan el deseo
de unirse al nuevo ser:

catarata de su risa,
cabello al aire de su lluvia torrencial,
lagrimeo constante de sus cuevas bajo tierra.

VIII

Blanca.
casi nieve,
y tan húmeda
que no presagias nada,
desde tu cadáver fresco
te yergues sola,
resplandeciente,
resucitada inabarcable.

El bosque, la avenida, este jardín
han dejado el sepulcro atrás,
sus valles,
sus praderas empapadas
rumbo a la sequía del alma.
Un fulgor de llanto

VII

So disposed,
the drops hanging
at the tip of each leaf
announce the heavens,
shrouds of autumn or of winter
still exhale the desire
to be joined with new being:

waterfall of laughter,
hair blown by its torrential rain,
constant tears from caves underground.

VIII

White.
snow almost,
and so humid
you foresee nothing,
from your fresh corpse
you rise alone,
resplendent,
unembraceably resuscitated.

The forest, the creek, this garden
have left the sepulcher behind,
its valleys,
its puddled prairies
a path to the soul's drought.
A burst of tears

brota de las ramas en cascada.
Cual ávidas serpientes,
los retoños se abren paso.
Se desliza su lenguaje.

IX

Sobre tu paz,
ondula un velo adormecido,
vaporoso:

como un barco de amplias velas,
varado en la bahía interior,
mi cuerpo;
el tuyo,
marea siempre benigna
que humedece de transcurso
las entrañas.
Mi alegría es tal,
que casi llego a comprenderlo.

Qué escuchas,
me pregunto,
si no es canto
lo que sale de la boca,
sino hambre, sed sincera
de este muro
de lamentos
que es la piel.
Una sola de tus notas
quiso abrirme los oídos

sprouts from branches in cascade.
Like eager serpents,
its shoots stretch out.
Language slinks away.

IX

Above your peace
waves a sleepy veil,
vaporous:

like a ship of full sails
aground in the inner bay,
my body;
yours,
the benign tide
that soaks us in time
to the bone.
My joy is such
I can't understand it.

What do you listen to,
I ask,
if not the song
that leaves your mouth
with hunger, sincere thirst
of this wailing
wall that
is the flesh.
One note from you
would have opened my ears

y los ojos:
hablaría
llenándome de tiempo
en adelante.

X

Mas el vacío penetra todo
y lo convierte en un emblema,
éter, mudanza humana.
*Nada cambia el aparente
alivio de la fe.
Es deleznable
bienestar.
Polvo muy fino.*

A punto de ver tu voz
en este sitio pleno
de alabanza natural
y serte inmune,
te vas, inapresable,
caballo que recorres
la sombra de unas huellas,
oculto en el tormento
de mis cascos.

Al transfigurarse

Después de aquella bruma,
el manantial puro de aire
se abre en flor ventricular,

and eyes:
so to speak
from then on
filled by time.

x

Yet, emptiness penetrates all
and turns it into an emblem,
ether, human change.
*Nothing changes the apparent
lessening of faith.
Health
is fragile.
Dust so fine.*

As I near your voice
in this setting lush
with natural beauty,
you, immune,
go, unreachable,
a horse crossing
the shadow of some tracks,
hidden in the torment
of my head.

Upon transfiguring

After that fog,
the air's pure bloom
opens in a ventricular flower,

iluminándose de lleno
el pasadizo.

Bienvenida.

Vas a derramar
espera eterna,
esperanza,
que ocurra,
que nazca,
que renazca.

Acaso muestres una ruta anticipada.
Acaso emprendas el sendero del calor,
desprovista ya
del aquel cuerpo doliente.
Acaso aprendas a gozar.

Bendita seas.

Déjame soñar
tu materia indisoluble,
tocar la frente al alba,
volver en mí, *a mí,*
siempre despierta.

lighting, completely,
the way.

Welcome.

You will pour out
eternal longing,
hope,
that happens,
that is born,
that is reborn.

Perhaps you will find the expected route.
Perhaps you will undertake the path of heat,
freed already
from that suffering body.
Perhaps you will open into pleasure.

You will be blessed.

Let me dream
of your unchangeable substance,
let me touch the forehead of dawn,
let me return to myself, *as myself,*
awake always.

EL ANFITRIÓN Y SU CRIATURA

:

THE HOST AND HIS CREATURE

"La vasta imagen del Spiritus Mundi
me va nublando la mirada."

Flecha que atraviesa,
órgano que late
en la vastísima mirada
que protege íntimos tesoros:
rododendros, magnolias, lirios,
alhelíes, hortensias,
copas de encino y de ciruelo,
dispersos en el hondo olor
de la fortuna.

"When a vast image out of Spiritus Mundi Troubles my sight."

Arrow that pierces,
organ that throbs
in the most vast image
that protects intimate treasures:
rhododendrons, magnolias, irises,
azaleas, hortensias,
tree tops of pine and plum,
dispersed in the deep scent
of fortune.

AVANZA

Me bullen dentro eras
de un tejido descompuesto.
Agua mágica, *ars*,
quémame, cúrame:
que atrás quede la herida
siempreviva,
siempreabierta.

La memoria, en ti, es un reflector de luz activa,
momento justo.

En la cima de la angustia
y de la fiebre,
una brisa maternal
conforta, es calma *viva*:
tigre en libertad, dice,
no te detengas a pensar
en la distancia.

Y nunca dejarás de estar aqui,
bajo este tiempo iluminado
que se guarda,
se teme,
se está diseminando en las praderas.

Ya eres fuego.
Alcanzarás los instantes de tu amada,
no su eterna juventud,
su sal mediterránea,
sus ojos.
La caricia de marfil, *mare magnum*,
será la falta de gestos y ademanes.

ADVANCE

Eras move within me
in a putrid weave.
Magic water, *ars*,
scald me, cure me:
let the ever-lasting,
ever-opened
wound behind.

Memory, in you, is a projector of enabling light,
at that moment.

At the peak of anguish
and fever,
a maternal breeze
comforts, is *living* calm:
wild tiger, it says,
do not stop to think
in the distance.

And you will never leave here,
under this bright time
that guards
and fears,
is scattering itself over the prairies.

Already, you are fire.
You'll reach the moments of your beloved,
not his eternal youth
or Mediterranean salt,
his eyes.
The ivory caress, *mare magnum*,
will be loss of gestures and manners.

PRESAGIOS
En homenaje a Elizabeth Bishop (1)

I

Las nubes se deslizan a tal velocidad
que impiden ir en pos del día,
sequir sus huellas,
hablarle por su nombre.
¿Cómo te llamas?, pregunté.
No hubo repuesta.
Sí, en cambio, un alboroto inmenso.
Aproveché una pieza del mosaico,
sus grises, blancos, metálicos matices,
un momento de mi vida.
Y salí a su encuentro.
Era tan bello.
La poca bruma, desprovista,
se iba dispersando poco a poco
al ritmo de un radiante corazón
que no podía ser el mío.
Fugaces ya, las fuerzas intentaron huir también,
pero el coro unánime del clima las retuvo
a punto de olvidarse
y nunca más hallar cabida en la ilusión,
a las puertas
de la tierra
de la abundancia.
Qué solar misericordia.

OMENS
In homage to Elizabeth Bishop (1)

I

The clouds glide so slowly
they cannot go in pursuit of day,
to follow its trail,
to call it by name.
Who are you? I asked.
There was no answer
but a great disturbance.
I made use of a piece of the mosaic
its grays, whites, metallic shades,
a moment from my life.
And I left for the encounter.
It was so beautiful.
The little mist, lacking,
was dispersed little by little
to the rhythm of a radiant heart
that could not be mine.
Fleeting already, the forces tried also to flee,
but the unanimous chorus of climate retained them
on the verge of losing themselves
and never finding space in the illusion,
to the doors
of the land,
of its plenty.
What solar mercy.

2

Sublime,
se desborda este caudal
al compartirse.

Como quien lleva una canasta
con lo mejor de la estación,
deseos renuentes,
agua profunda, antigua,
nacida tras la piedra
del cuerpo que respira.

Como quien toca el borde,
el horizonte de ese día,
con una gran necesidad
de recostarse donde sea,
y reconoce refulgente la canasta
de frutos propios, exquisitos.
Se sabe entonces convidado
a aquellas fiestas.
Se acerca al anfitrión.
Huele su túnica y sandalias,
su deslumbrante majestad.
Oye el latido de su sangre,
se mira dentro suyo
y da con todos los sentidos
en las cámaras secretas
de aquel *vivo* santuario.

Como quien dejara huella
y la borrara luego
con los ojos.

2

Sublime,
overwhelmed with abundance
to partake.

Like one who carries a basket
containing the pick of the season,
reluctant desires,
deep water, old,
born behind the rock
of the body that breathes.

Like one who touches the edge,
the horizon of day,
with one great need
to sit in place
and look upon a basket
gleaming with radiant fruit.
Who is known, then, as a guest
at those parties.
Who approaches the host.
Who smells his tunic and sandals,
his overwhelming majesty.
Who hears the beat of blood,
looks upon the soul
and discovers the senses
in the secret chambers
of that *living* sanctuary.

Like one who left a trail
and then erased it
with his eyes.

Como quien supiera adónde va,
y al dejar de ser
no fuera ya.

Like one who knew the path
and, ceasing to be,
was no more.

SEA TU NOMBRE

Te doy la cara.
No me veo.
Me sigo buscando
en lo que miras
y me pierdo.
Alcanzo a distinguir
cordilleras que no acaban,
ondulan, se aman, se unen,
se diluyen.
Y no me reconozco.
¿Acaso esperas
que me cierna a tus orillas,
laberinto?

BE YOUR NAME

I turn to you.
I don't see myself.
I keep looking for
myself in what you see
but I am lost.
I manage to make out
mountain ranges that don't end,
that undulate, love, unite,
dissolve.
And I don't recognize myself.
Do you hope, perhaps,
that I will hover at your borders
labyrinth?

La sangre es una prisión bendita,
oro de siglos,
cofre de pena.
Divina sustancia,
se va escapando,
se va colando,
se va volviendo elixir.

Cuando el viento se paseó por el estanque
rompiendo el espejismo de la celda
en mil y un absueltas gotas,
el fondo salió a la superficie,
mil y un peces de mirada incandescente.
Qué solar misericordia.

Blood is a blessed prison,
gold of centuries,
coffer of pain.
Divine substance,
escapes,
is distilled,
becomes elixir.

When wind walked by the pool
breaking the mirage of the cell
into a thousand and one absolved drops,
the bottom rose to the surface,
a thousand and one incandescent fish.
What solar mercy.

CLIMÁTICA

Clima, clima del día,
cielo plagado de nubarrones blancos.
Ni la nostalgia es capaz
de penetrar sus intenciones.
Dicen que las nubes arderán
al mediodía de los tiempos.
Una frase podrá expresarlo al alma
o hacerlo permanecer a oscuras.

Un hogar, una fogata dentro,
asomará a los ojos
al menos un vez.
Brasa fraseada.

Ahí mismo, se irá avivando una criatura,
un sueño estrellado en la pupila,
amanecer
de música tristísima:
sequías, inundaciones,
florecimiento, marchitez.
Que no ha llovido.
Que llueve de más.
Que los frutos no maduran.
Que, de pronto, una flor
aparece justo a tiempo.
Y la mano se le acerca.
Así comienza el día,
así le ha dado voz
la frase:

Aquella eterna fonte está ascondida,
qué bien sé yo do tiene su manida,
aunque es de noche.

CLIMATIC

Climate, climate of day,
the heavens plagued with big white clouds.
Not even nostalgia can
penetrate their intentions.
Some say clouds burn up
in the midday sun.
A phrase could express it
or consign it to darkness.

A home, a roaring fire inside,
will catch your eye
at least once.
Fire tongue.

Right here, a creature will rise,
a dream will explode in the pupil,
dawn
of the saddest music:
droughts, floods,
bloom, decay.
It hasn't rained.
It rains too much.
Fruit doesn't ripen.
Then, suddenly, a flower
appears right on time.
And a hand approaches it.
So begins the day,
so it has given voice
to the phrase:

Its eternal font is hidden.
Even so, how well I know from where it flows,
though it is night.

ACUERDO

No seré yo quien te haga sufrir.
No derramarás lágrimas
que puedan extinguirte.
Guardarás el *mar candente*
entre las sienes.
Descansarás, inmóvil,
supurando sentimiento,
recordando que este mundo
es un vil *mar de sargazos*.
La opacidad no será tal
frente al amor
batiendo alas
en el éter.
Aquél.

TRUCE

I won't be the one to make you suffer.
You will not spill tears
that can extinguish you.
You will guard the *burning sea*
between the temples
restless, immovable,
hollowed of emotion,
remembering this world
is a vile, *stagnant sea*.
Darkness will be nothing
compared to love
beating its wings
in the ether.
There.

LAS AVES

:

THE BIRDS

IDUS
al Gaviero

Compás de respiraciones a lo largo de la tarde,
sombra de instantes negados a la conversación.
Como barcos pesqueros de madrugada,
como voces lejanas susurrándose secretos
en una lengua indiscernible.
Acaso sea un pabellón de moribundos,
vivos en la memoria de la salud sagrada,
velamen triste en espera del viento,
cualquier viento.

Pero no. Nadie agoniza.
A punto de matarse unos a otros,
quienes besan esta tierra
nada saben de compasión
o de naufragios.
Moriran inconsolados.

Después, las aves,
nubes que viajan
rumbo a la primera escena
del día siguiente:
el amor en plena convivencia
con los sueños.

Qué calma trae esta luz,
mar dragado de una vida contemplando.
Crepúsculos y auroras en vaivén
aún aguardan
a quien logre salir,
abandonar su orilla.

IDES
To Gaviero

Rhythm of breaths throughout the afternoon,
shade of moments denied in conversation.
Like fishing boats at daybreak,
like distant voices whispering secrets
in an indiscernible language.
Perhaps a pavilion for the dying
living in memory of sacred health,
or sad sails awaiting the wind,
any wind.

But no. No one agonizes.
On the verge of killing each other,
those who kiss this ground
know nothing of compassion
or of shipwrecks.
They will die unconsoled.

And then, the birds,
those clouds that travel
the path to the first scene
of the next day:
love coexisting
with dreams.

What calm brings this light,
the dredged sea of a contemplative life.
Even shifting twilights and auroras
wait
for the one who manages to leave,
abandoning his shore.

I

El arbusto de flores color fruta
punza en la magnificencia de su reino.
Un vuelo de igual vida
se esclarece: el cuervo
despojado de augurios terrenales
viene a mí.
No quiere interrumpir
el coloquio quejumbroso
de viento y primavera.

Ave sin ciclos. Sin pasión.
Adormecida en mis presentimientos.
Activia en mis travesías
del ascenso ilusorio
a la caída.

I

The shrub of fruit-colored flowers
pierces the splendor of its kingdom.
A flight of equal life
becomes clear: the stark
crow of earthly auguries
comes to me.
He doesn't want to interrupt
the complaining colloquy
of wind and spring.

Bird without cycles.   Without passion.
Asleep in my intuitions.
Active in my flights
from the false ascent
to the fall.

II

Naranjas y toronjas dispuestas para ti.
Un platón de brillos infinitos.
Un mantel de flores.
La mesa en su lugar.
El corazón listo para disolverse.

Despierto aterrada
por el grito jubiloso
de los pájaros del mar.
Camino al muelle
siguiendo el rumbo
de barcos dispuestos
en todas direcciones.
Una rosa, el agua.
La espuma de sus bordes,
encaje,
me revela un nido
tranparente.

II

Oranges and grapefruits laid out for you.
A platter of impossible shine.
A flower tablecloth.
The table in its place.
The heart ready to dissolve.

Torn awake
by the jubilant shout
of sea birds.
I walk to the wharf
following the course
of boats heading out
in all directions.
A rose, the water.
The foam of its edges,
lace,
reveals a transparent
nest to me.

III

Había importunado, sin querer,
el sueño ileso,
verde olivo, antes negro,
de una multitud de alas.
Anunciaba la tarde su lamento:
ha huido el anfitrión.
Y ahora el cielo
me abandona.
Gota a gota se va uno
de uno mismo.

III

I interrupted, without meaning,
the unspoiled dream,
green olive tree, once black
from a multitude of wings.
Afternoon announced its lament:
the host has fled.
And now, the heavens
abandon me.
Drop by drop, from oneself
one goes away.

IV
En homenaje a Elizabeth Bishop (II)

Del otro lado,
una gaviota blanca me observaba.
Al poco rato,
junto a ella se posaron
unas alas de colores muy distintos.
¿Amigas de toda la vida?
Muchas más revoloteaban en su torno.
¡Qué alharaca!
Ojos nerviosos, opacos,
sin asombro,
me fueron abriendo el pecho
para sentir en otro.
Ningún espejo en las miradas:
sólo el gozo de cada una,
indescifrable.
Un nombre las congregaba a todas
y parecía amarlas de igual modo.
Con tal ternura se insinuaba,
impronunciable.
¿Qué quería de mí aquella presencia,
latido de otro mundo,
allá, sin ventanales?
Me encaminé hacia el barandal.
La gaviota pinta ni se movió.
El viento quería echarla a volar,
levantando su abrigo de plumas
indefenso.
Tenía la carne de gallina.
¿Sentiría frío?

IV
In homage to Elizabeth Bishop (II)

From the other side,
a white gull watched me.
In a short while,
wings of many colors
settled next to her.
Friends for life?
Many more joined her outcry.
What fuss!
Nervous eyes, opaque,
unflinching,
were opening my breast
to feel in one another.
No mirror in the glances:
only the joy of each one,
indecipherable.
A name united all
and seemed to love them equally.
It was insinuated with such tenderness,
unspeakable.
What did that presence want from me,
beat from another world,
there, without windows?
I walked toward the handrail.
The spotted gull did not move.
The wind wanted to cast it into flight,
raising its shelter of plumes
defenseless.
It had goose flesh.
Would it feel cold?

Tal resistencia
a seguir las órdenes del viento
guió mi mano al desamparo
en la perfecta redondez de su cabeza.
Allí, entonces, emprendió el vuelo
la blancura
entre las líneas
de mis manos.

Such resistance
to follow the commands of the wind
led my hand to helplessness
on the perfect roundness of its head.
There, then, beginning the flight
white
between the lines
of my hands.

V

Honda tarde
preludio,
sombra de luna.

Un ave joven iba saltando por los cables de la luz, luego por el tronco de un abeto, mi árbol de la ciencia del bien y del mal. Le he cortado esta rama para ti, a sangre fría. "Casi no se quejó", como diría el poeta al arrancarle a su amada el corazón. Así me quitaría los ojos para que vieras lo que veo. No me brotarían de nuevo. Pero cambio, tú podrías seguir corriendo por los cables de la luz o los caminos arbolados, palpitantes, burbujeantes de savia que va y viene. Que vuelve siempre.

Tarde presente,
herida abierta en la memoria,
promesa que se cumple
en las alas de los cuervos.

V

Deep late day
prelude,
shade of moon.

A young bird was jumping through cables of light, then to the trunk of a fir, my tree of the knowledge of good and evil. In cold blood, I cut this branch for you. "It barely cried," as the poet said when he plucked out his lover's heart. Take my eyes so you may see what I see. They won't bring me forth anew. But in changing, you will be able to keep running the cables of light or the hoisted, trembling, bubbling paths of sap that come and go. That always return.

Late day presents
an open wound in memory,
a promise kept
by the wings of crows.

VI

En verdad, aunque es el tiempo nuestro elemento,
Somos muy torpes ante las amplias perspectivas
Abiertas a cada instante de la vida.
—Philip Larkin

Se abre el intervalo vespertino.
¿Qué dedo tocará sus pétalos
ingenuos?
¿Qué avidez le cerrará
el paso para siempre?
Hay vientos, tiempos
que son ritmo,
soplo fértil,
mente incontenible
como el cielo,
y líquida
como la sangre.

Una parvada quietísima de mirlos
emprende un viaje súbito.
Mientras,
la piedra casi idéntica.
Mientras,
mercados, intercambios,
trópico en el tono,
tantos y tantos rostros con sus cuerpos.
Mientras,
el último brillo se desprende.
Tan distante todo de la aurora.

VI

Truly, though our element is time,
We are not suited to the long perspectives
Open at each instant of our lives.
—Philip Larkin

The evening interval opened.
What finger will touch its ingenuous
petals?
What avarice will seal
the passage shut?
There are winds, times
that are rhythmic,
fertile blowing,
mind wild
as the heavens,
and fluid
like blood.

A quiet flock of blackbirds
takes off on an sudden trip.
Meanwhile,
the almost identical stone.
Meanwhile,
markets, interchanges,
tropical in tone,
many, many faces with their bodies.
Meanwhile,
the last light shines.
So distant all of the aurora.

VII

> Cada mañana nacemos enconchados
> en una hoja de luz que embaldosa
> los palacios mismos de la vista...
> —Philip Larkin

Gracias por hacer de mi nacimiento
de hoy
algo puntual y exacto
que distingue cada uno
de los instantes de la tierra.

Gracias por el regalo
de una entera novedad
que lleva dentro código
y memoria.

Gracias por el centro
en cada capa de la vida
que se va desenvolviendo
en diamantina intimidad.

Gracias, *ave prodigio,*
cuervo estupefacto,
corona inmarchitable
de la flor de los alientos.

VII

> We are born each morning, shelled upon
> A sheet of light that paves
> The palaces of sight...
> —Philip Larkin

    Thank you for making my birth
    today
    something precise and exact
    that distinguishes each one
    of the instants of the earth.

    Thanks for the gift
    of eternal newness
    that takes in code
    and memory.

    Thank you for the center
    in each layer of life
    that is developed
    in unyielding intimacy.

    Thanks, *bird prodigy*,
    stupefied crow,
    un-withered crown
    of the spirit flower.

VIII

En la playa

Una pareja espera el barco,
la estrella de la proa
en su destino.
Ni gozo ni tristeza.
Conocen ya lo que hay.
Saben de las alas
y de la transparencia.

Este amor nunca termina.
El vuelo ha de durar.

Regresarán ya tarde
al bosque que se nombra
impenetrable.
Al telar
del capullo de la noche.

VIII

On the beach

A couple waits for the boat,
the star on its prow
in their destiny.
Neither joy nor sadness.
They already know that which is.
They know about the wings
and transparency.

This love never finishes.
The flight must last.

They will return late
to the forest called
impenetrable.
To the loom
of the cocoon of night.

LA NOCHE

:

NIGHT

El día había lucido
sus mejores mantos.
Al desvanecerse,
la orla de su seducción
dejó una cerca de perfume
penetrante:
cielo nocturno de claridad
magnífica.

Con aquella brasa
en la gruta del ojo,
escuché un leve golpeteo
en la ventana.
Palabras.
Las persianas entreabiertas
me mostraron una flor
de tersura sin presagios.

Day had shone
its finest robes.
Vanishing,
the outline of its seduction
left a wall of penetrating
scent:
night sky of magnificent
clarity.

With that red-hot coal
in the cave of the eye,
I heard a faint knock
at the window.
Words.
The half-open blinds
revealed a smooth
flower without omens.

Cementerios nevados,
polvo de cal que se confunde
con la luna.

Cementerios limpios,
alardes de jardinero,
orfebrería desfallecida.

Cementerios en abandono,
no obstante los astros,
los puntos cardinales.

Cementerios múltiples,
jazminados, gladiolados,
florecidos y marchitos
dentro del lagrimal.

Ciudades esplendorosas
cementerios.

Cemeteries under snow,
lime dust confused
with the moon.

Clean *cemeteries*,
gardener's displays,
gold work weakening.

Cemeteries in abandonment,
despite the stars,
the cardinal points.

Multiple *cemeteries*,
jasmined, gladiolaed,
bloomed and withered
in tear ducts.

Splendid cities,
cemeteries.

Un volcán en erupción
de rododendros,
justo a la mitad
del huerto sepulcral.

Dueña absoluta de los poderes de la infancia, había desaparecido una criatura, rumbo al placer y al dolor de esa única estación, mezcla de roció, verdor intenso, hojas rojas, amarillas, y nieve más blanca que el alma. La *caja de Pandora* se abrió de pronto a la luz de los enigmas: su brillo no tardó en reflejarse en los ojos de quienes sí sabían que ahí dentro no había un muñeco, ni bromas de ninguna clase. Una onda de calor sublime. La flama en las pupilas cauterizó la herida de inmediato, la del mundo, y secó su mar de lágrimas interno. Después de las guirnaldas que en cuestión de horas se marchitarían junto con el cuerpo, quedó esa paz sobre la tierra que sólo puede traer el don de lenguas.

Olas de pétalos del color de nuestra carne,
cálidos como el hogar, como la lava,
avivan el mármol y el secreto
entre las criptas.

De noche, cintilante,
de día, oculto.

A volcano in eruption
of rhododendrons,
right in the middle
of the burial orchard.

Absolute master of the powers of childhood, a creature disappeared on its way to the pleasure and pain of that only season, mix of dew, intense verdure, red leaves, yellows, and snow whiter than the soul. *Pandora's Box* opened suddenly to the light of enigmas: its brightness wasn't slow to be reflected in the eyes of those who knew that inside was not a doll, not jokes of any kind. A wave of sublime heat. Flame in the pupils instantly cauterized the wound, the world's, and dried its sea of internal tears. After the garlands that, in a matter of hours, would wither with the corpse, it left that peace that can only be brought by the gift of languages.

Waves of petals the color of our flesh,
warm like home, like lava,
intensify marble and the secret
between the crypts.

Scintillating by night,
hidden by day.

EN ALABANZA DE LA MUERTE

1

Qué intimidad rezuma
entre aves y aire.
Se congregan sobre el agua,
apenas en la superficie:
se arrebatan el pan,
se hacen daño o miran fijamente
al habitante de otros reinos.

2

Desde el muelle,
punto medio de mi vida,
vi nacer el rayo, abrirse en triángulo
y cerrarse,
conbrillos cada vez mayores,
como una estrella sobre fondo luminoso.
Un pato atravesó esa línea
sin que hubiera el menor cambio.

IN PRAISE OF DEATH

1

What intimate prayer
between birds and air.
They congregate on the water,
barely touching the surface:
they snatch bread,
hurt themselves or intently watch
the inhabitant of other kingdoms.

2

From the wharf,
midpoint of my life,
I saw the ray born, open itself into a triangle,
then close,
with greater brightness every time,
like a star over luminous depths.
A duck crossed that line
without changing anything.

3

No es mi ojo
el que abre y cierra
este escenario.

4

De regreso de la costa,
el canto del gallo
me recorre.

Aquel día, al despertar, sentí la muerte cerca: una sirena muda, sin boca, a principios de la juventud, de la primavera, de la femenina flor. Al sentirse tocados, los pétalos se cerraron de inmediato con el estruendo de un portón de hierro. Alguien me susurró al oído: "Ofrécele tu pena a Dios." Era una voz que hablaba por la piel. Le hice caso de manera maquinal, con el corazón hecho pedazos, pensando en el camino de *santidad* de quien lo ignora todo. Con los ojos cerrados, miraba mi alma, sus *máculas* pequeñas, crueldades para con el amor. Cuando el portón terminó de sellarme los oídos, y había olvidado aquella ofrenda. Mi perdón de entonces duró lo que una frase, y lentamente cayó al pozo. Hoy, ante un triángulo de luz sobre las aguas, me supe dentro de la cifra, parte de una huella entre las olas.

Un canto del gallo,
duelo distante.

3

It's not my eye
that opens and closes
this scene.

4

Upon returning to the coast,
the rooster's song
cuts through me.

That day, waking, I felt death near: a mute siren, mouthless at the outset of youth, of spring, of a feminine flower. Touched, the petals shut with the slam of an iron door. Someone whispered in my ear: "Offer your pain to God." It was a voice that spoke through flesh. I paid numb attention thinking of the *sanctity* of he who ignores all. With eyes shut, I saw my soul, its little *spots* cruelties to love. When the door sealed my ears, I had already forgotten that offering. My pardon, then, lasted one phrase, and slowly fell into the well. Today, before a triangle of light on the waters, I knew myself within the cipher, parts of prints between the waves.

Rooster's song
distant mourning.

IN MEMORIAM VICTORIA

> ...el movimiento de los vientos encerrado
> en el misterio de las palabras...
> —William Wordsworth

Ciertos lugares, ciertas personas, cierta música,
granos que engendraron aquella planta maravillosa,
infantil, interior, sublime, viajan conmigo
como la luna de inolvidables travesías,
casi fluviales, que iban dejando atrás
sauces, montes, vacas pastando, estrellas,
todo lo que un vuelo de la falda montañosa
podría reducir a polvo. Lo que somos.

La madre de mi madre abandonada, caída en mi descuido,
en aquel rincón de la sala de una casa toda mía.
Sentada en un sillón sin forma, un *sofá*,
se iba desparramando con el cigarro siempre
entre el dedo gordo, deforme de nacimiento
y el índice, deforme por la artritis.

Sus ojos monstruosos desde los míos,
su tristeza agigantada por los lentes
cuyo inmenso fondo era el fondo de una vida
huérfana, ciega para la belleza y la bondad,
la visión del mundo pleno en calidad de brizna.
Su cansancio, su dolor, cual vivo y burbujeante
recordatorio del fracaso, la frustración,
la mujer extinta pero *ahí*.
Rezando o en silencio. Rezando más.
A veces incandescía la flama
allá en el fondo de aquel extraño corazón.
Cantaba entonces: *Voz de la guitarra mía*

IN MEMORIAM VICTORIA

> ...the motions of the winds
> Embodied in the mystery of words...
> —William Wordsworth

Certain places, certain people, certain music,
seeds that grew that marvelous plant,
infantile, inner, sublime, travel with me,
like the moon, on unforgettable voyages,
almost a flood, that left behind
willows, mountains, grazing cattle, stars,
everything a ruffle of the mountain skirts
could reduce to dust. We are dust.

The mother of my abandoned mother, fallen in neglect of me,
in that corner of the room in a house all my own.
Sitting in a formless armchair, a *sofa*,
spread out, always with a cigarette
between her thumb, deformed from birth
and index finger, deformed by arthritis.

The sadness of her monstrous eyes,
magnified by the lenses
whose immense thickness was the depth of a life,
orphaned, blind to beauty and kindness,
vision of the whole world threadbare.
Her fatigue, her pain, a live and bubbling
reminder of failure, frustration,
the woman gone but *there*.
Praying or in silence. Praying more.
Sometimes the flame was incandescent
at the heart of that strange heart.
She sang then: *Voice of my guitar*

al despertar la mañana, trenzando hábilmente
los hilos del destino en un nudo en mi garganta
que no lograba desatar después con su inútil
Duermen en mi jardín
los nardos y las azucenas...

Victoria, como la reina, ¡cantaste victoria!
Qué hizo a tus ojos ya incoloros
soltar las amarras de tales cataratas
en chorros espesos, como saliva o secreción de bestia
que no vale la pena, que no llega a cristalizar.
¡Cómo te habré ofendido, qué espejo de la miseria
habré puesto frente a ti! Todo, seguramente,
con la inocencia en ristre.
Por qué lloras, viejita, por qué.
Tócame el alma. Cántala.
No quiero que sepan mi pena,
porque si me ven llorando, morirán.

Ante mí, el lazo roto del amor amargo,
corazones tan distantes,
horas muertas que ni la tormenta propia,
que se cree angélica,
puede borrar.
Cadáveres insepultos, polvo,
sobre el peso vivo,
misterioso,
de las palabras.

waking up the morning, skillfully prancing
the threads of destiny in a knot in my throat
that she couldn't untie with her useless
They sleep in my garden
the nardos and the lilies...

Victoria, as queen, you sang victory!
What made your colorless eyes
cast off such cataracts
in thick spurts, like saliva or secretion of a beast
that is not worth the trouble, that doesn't crystallize.
How I must have offended you, what reflection of misery
could I place before you! All, surely,
with innocence in hand.
Why do you cry, old woman, why.
Touch my soul. Sing.
I do not want them to know my pain,
because if they see me crying, they will die.

Before me, the broken bow of bitter love,
hearts so distant,
dead hours that not even one's own storm
believing itself angelic,
can erase.
Unburied corpses, dust,
in the living, mysterious
weight
of words.

IN MEMORIAM EDNA

Horas tenías nada más de encierro,
absoluto, sellado,
cuando ya las flores te cubrían el rostro,
las manos, las piernas, el vientre:

gladiolas frescas,
recién cortadas,
el aroma de tus actos,
su savia de estrellas en el alma:

crisantemos blancos a borbotones
al abrir las puertas del hogar,
invitando, ofreciendo,
acariciando el universo
sangrante
de cada uno;

la voz del *iris*
me llama desde un sitio
lejano y próximo a la vez:

ámame siempre,
no permitas que te aparten
de este espejo
intacto,
flor de la visión
viva.

IN MEMORIAM EDNA

You had hours of nothing more
than absolute, sealed confinement,
when flowers covered your face,
hands, legs, womb:

fresh *gladioli*,
fresh cut,
the aroma of your acts,
their star sap in the soul:

white *chrysanthemums* bubble up
upon opening the house's doors,
inviting, offering,
caressing the bleeding
universe
of each one;

the voice of the *iris*
calls me from a place
both far and near:

love me always,
don't allow them to separate you
from this intact
mirror,
flower of the living
vision.

IN MEMORIAM FRANCISCO

QUÉ DÍA ES HOY

I

Irradia tu segundo corazón
poco antes del descenso.
Un despertar breve,
una brisa
que vuelve desde la otra orilla.
Una mañana más.
Una suerte de ánimo presente
que anticipa una larga, larga ausencia.
Briznas en un cuerpo casi ingrávido.
Un dar la mano e irla zafando
poco a poco, poco a poco,
hasta que ya.
Tan simple como el mediodía
o el momento de mayor salud.

IN MEMORIAM FRANCISCO

WHAT DAY IS TODAY

I

Your second heart radiates
shortly before the descent.
A brief awakening,
a breeze
that returns from the other shore.
One morning more.
Luck of present spirit
that anticipates a long, long absence.
Strings in an almost weightless body.
To give the hand and to go loosening
little by little, little by little,
until it's gone.
As simple as the afternoon
or the moment of greater health.

2

Súbitamente se abre
tu puerta de entrada,
y sale el interior
encerrado de por vida.
Como el peor y más violento
de todos los oleajes,
nos azota a los que estamos fuera,
se esparce sobre las conciencias, las anega.
Quiero escapar.　　　Me tropiezo.
Quero olvidarte.　　　Soy incapaz.
Veo ancianidad en tu mano niña.
Ni el menor rastro de fatiga
en los siglos de tu cuerpo.
Tu rostro me inunda de silencio.
Me da horror.
Es el pan cotidiano y el cuchillo
que pretendiera no derramar sangre
antes de tiempo.

2

Suddenly,
your front door opens,
and the interior,
locked up for life, goes forth.
Like the worst and most violent
rush of waves,
it whips those of us outside,
it spreads over awareness, flooding it.
I want to escape.   I stumble.
I want to forget you.   I can't.
I see age in your young hand.
Not the smallest sign of fatigue
in the centuries of your body.
Your face floods me in silence.
Frightens me.
It is the daily bread, the knife
that would try not to spill blood
before time.

3

Si pudiera abrirme el corazón
o abrírtelo con las manos,
aunque escapara el aliento
de lo que nunca a nadie le hemos dicho.
Si pudiera volarme la tapa de los sesos
con una sola intención bien dirigida,
o abrirla, abrírtela
con llave maestra.
Si pudiera,
acaso hallaría una respuesta,
no la solución a estos misterios.
No sería cálida, tibia
como la sangre humana.
No sería clara como los ríos
que manan de la fuente cerebral.
Sería helada. Turbia.
Fétida. Contaminada a decir basta,
como todas las respuestas.
No lavaría las llagas de tu vida,
la angustia de tus últimos momentos.
Decir *si pudiera* es no poder
mover un dedo en esa dirección.
Es ignorarlo todo
acerca del camino que te espera.

Que haya luz.

3

If I could open up my heart,
or open it for you with my hands,
even though the spirit
which we've spoken of to no one
would escape. If I could blow my brain up
with a single good intention,
or open it, open it for you
with a master key.
If I could,
perhaps I would find a reply,
not the solution to these mysteries.
It would not be warm, lukewarm
like human blood.
It would not be clear like rivers
that flow from the cerebral source.
It would be frost. Cloudy.
Fetid. Tainted to say the least,
like all replies.
It would not wash the wounds
of your final moments.
To say *if I could* is not to be able
to lift a finger.
It is to ignore everything
about the way you hope.

Let there be light.

4

Ya eres tan ligero
como el montón de mis deseos
pasados, presentes, futuros
a un tiempo.
Inocente. Libre
de culpa. Que no daña.
El dolor, su pureza,
ha puesto todo en su lugar.

4

Already, you're as light
as the mountain of my desires
past, present, future
at one time.
Innocent. Free
of fault. No damage.
Pain, its purity,
put everything in place.

CUATRO PASOS

I

Criatura sin amor,
planta marchita.
Implacable,
oscureces la certeza de mi vida.
Junto a su imagen agonizante,
enciendo una vela.

Me has hecho recorrer cada una de las estaciones. Hallarme cara a cara con los sueños de perdón al convocar a quien se fue: no pude perdonar. Me sentí como aquel monje que no logró cruzar el río porque llevaba dentro el peso de una mujer que, en silencio, había deseado. Y a ti, como el otro monje, que de tan ligero se perdía entre sus vestidos.

Extingo la flama ahora
colcándole un espejo enfrente:
me ha concedido,
ánima en pena,
su noche iluminada.

FOUR STEPS

I

Loveless creature,
withered plant.
Pitiless,
you dim the certainty of my life.
Next to its dying image,
I light a candle.

You made me pass through each of the stations. To find myself face to face with dreams of forgiveness summoning those who went: I could not forgive. I felt like the monk who could not cross the river because he carried the weight of a woman who, in silence, he desired. And you are like the other monk, so light he got lost between his robes.

I snuff out the flame
and set a mirror to face it:
it has granted me,
suffering soul,
its illuminated night.

2

La cadena sin fin.
Los enamorados del olor
que otros dejaron.
Son tantos los eternamente vivos
en el sonido que se apaga,
en la anticipación
de lo que acaba de empezar,
la dulzura
infantil, absorta,
que ignora
lo que será.

3

Todo lo demás cae,
se recorre,
como la gota
de néctar
en la comisura
de un dios
que sangra
dentro.

2

The endless chain.
Lovers with the scent
that others left.
The immortal are in
the dampened sound,
in anticipation
of which, so many ends begin,
the infantile,
engrossed sweetness,
that ignores
what is to be.

3

All others fall,
pass through,
like a drop
of nectar
on the mouth
of a god
who bleeds
within.

4

Humores petilentes y aromas exquisitos
desde el incensario.
Sueños, cadáveres,
palabras de arena.

El corazón podrá al fin descansar,
arder sin pena:
han florecido los botones alborados,
se abren dentro
de la lámpara divina.

La noche no es habitación cerrada.
Es aire sin esencias.
Nacimiento.

4

Pestilent smoke and exquisite aromas
from the censer.
Dreams, bodies,
words of sand.

The heart finally at rest,
burning free from pain:
the dawn-song's buds have bloomed,
opened themselves
into divine light.

Night is not a locked house.
It is air without essences.
Birth.

LOS ELEMENTOS DEL CORAZÓN

:

THE ELEMENTS OF THE HEART

PLEGARIA

Que todo brote natural
desaparezca
a su debido tiempo.

PLEDGE

That all wild buds
will disappear
in time.

TIERRA

I

Tierra natal.
Tu nombre se desmorona
entre la lengua
y el paladar,
rociando lumbre
en mi silencio.

EARTH

I

Native earth.
Your name crumbles
between tongue
and palate,
sprinkling fire
on my silence.

2

Esta tierra negra,
reblandecida,
ha triturado las hojas
que amorosamente la cubrieron
de color, timbres de cobalto,
oro y tranparencia.
Muy pronto echará fuera
lo que sobre,
mi mundo,
el fascinante.
Otros.
A tales brazos, abrigo tal,
querremos regresar eternamente:

"Cuando en la noche espero su llegada
Parece que la vida colgara de un hilillo.
Qué son tantos honores, qué es la juventud, qué, la libertad,
frente a tan querida huésped, flauta rústica en mano.

Y así entró. Dejando su capa a un lado,
Me miró con atención.
Le dije entonces: Fuiste tú quien dictó a Dante
Los versos del *Infierno*? Y contestó: Sí, fui yo."

2

This black, softened,
earth
has crushed the leaves
that lovingly covered it
with color, shades of cobalt,
gold, and transparency.
Quickly it cast
out over
my world,
fascination.
Others.
To such arms, such shelter,
we'll long to return forever:

"When at night I wait for her to come,
It seems life is hanging by a thread.
What are such honors, what is youth, what is liberty,
Compared to a dear guest, rustic flute in hand?

And now she enters. Pushing her veil to one side,
Watching me intently.
I ask her: Was it you who dictated to Dante,
The verses of the *Inferno*? And she answered: Yes, it was me."

BOSQUES

1

Flota la ensoñación
en los pasillos de este bosque.
Difícil melodía,
atenta al secreto
del eco:
Narciso, *divino*,
voz ubicua.
Nunca los narcisos fueron tan hermosos.

2

Cada bocanada de este aire
pone un semilla más
al viaje,
hagia sophia,
bosque sin fin,
octava maravilla,
alma
idéntica a ese cuerpo
que devoran otros cuerpos,
plena de gracia.

FORESTS

1

The dream floats
on the paths of this forest.
Difficult melody,
letter to the secret
of the echo:
Divine narcissus,
ubiquitous voice.
The narcissi were never so beautiful.

2

Each whiff of this air
puts one seed more
in motion,
hagia sophia,
endless forest,
eighth wonder
soul
the same as that body
that devours other bodies,
full of grace.

ÁRBOLES

I

Cerezo, finísimo tamiz
de nuestra vida: un día la sangre
chorrea jugoso y otro se transforma
en blanquísimo e hiriente velo.
Hubo quien vio en él
a la Señora envuelta en seda.

Manzano, llamada manifiesta.
Hubo quien vio en él
a las Hespérides,
dorada luz de mar ardiente.

Pino sin fruto, sin flores,
continua vida breve.

Quien dio a luz
a la arboleda
había tocado antes su amplitud.
Y se le concedió verla crecer,
acariciarla, enseñarla
a ir silbando a tono con el viento;
a verse entrelazada;
a sentir su propio olor
al respirar.
A comprenderse.

TREES

I

Cherry, final screen
of our life: one day deep blood
flows and another it turns
to whiteness and a stinging veil.
*There was one who saw in it
the Lady wrapped in silk.*

Apple tree, manifest call.
*There was one who saw in it
the Hesperides,
gilded light of ardent sea.*

Flowerless, fruitless pine
continuous brief life.

He who gave light
to the grove
had touched its amplitude before.
And was allowed to see it grow,
caress it, to teach it
to whistle in tune with the wind;
to see itself entwined;
to sense its own scent
while breathing.
To be understood.

2

Embalsamada en la resina,
cristal jugoso,
liquidámbar,
no es aún plena la noche.
El día tampoco ha despuntado.
Skunk hour, hora de zorrillos,
hora del vencido,
diría el demente, y después:

"No estoy bien de la cabeza.
El radio de un coche chilla:
Amor, oh, amor desenfadado...
Escucho el sollozo
de mi espíritu enfermo
en cada célula sanguínea,
como si tuviera la mano
en su garganta...
Soy el mismísimo infierno:
no hay nadie por aquí,
sólo zorrillos
que buscan un bocado
bajo la luz de luna."

Llevamos la marca del astro
todos,
no en una franja natural
blanquísima,
sino en los ojos nublados
al nacer, resina.
A esta hora de la vida,

2

Embossed in resin,
substantial crystal,
liquefied,
is not even full.
Day has not blunted either.
Hora de zorrillos, Skunk hour
hour of the defeated,
the madman would say, and then:

"My mind's not right.
A car radio bleats,
'Love, O careless Love…'
I hear
my ill-spirit sob
in each blood cell,
as if my hand
were at its throat…
I myself am hell;
nobody's here—
only skunks, that search
in the moonlight
for a bite to eat."

We carry the star sign
all of us,
not in one white, natural
strip
but on the eyes dimmed
from birth, resin.
At this hour of life,

si tales rayos, estas ramas,
no fueran inmensamente amados,
el frío dolería tanto…

if such rays, these branches,
were not so loved,
the cold would hurt so much…

AGUA

1

Ha comenzado a nevar.
Copos,
agua
que hiere de golpe.
Se posan candentes
sobre mis temores,
mi misterio.
No resbalan.
Se han clavado como espinas
de una corono de oro.
Como raíces.

2

Cuántos pies han pasado por aquí
sin hollar
gozo y contemplación,
un mismo tiempo:

Cuesta arriba,
alcancé a ver los despojos
del narciso.
Todo era azul desde ese punto
hasta el final.
Alenté un deseo:
no el avance, ni la cima helada
ni la calidez del cielo.
Sólo el oleaje
sin celda o libertad,
sólo el oleaje.

WATER

1

It has started to snow.
Flakes,
water
that hurts when it hits.
They settle burning
on my fears,
my mystery.
They don't slip,
nailed like thorns
from a golden crown.
Like roots.

2

How many feet have passed through here
without treading
joy and contemplation,
at the same time:

Uphill,
I managed to see the spoils
of narcissus.
Everything was blue from that point
forward.
I encouraged a desire:
not the advance, not the frozen top,
not heat of the heavens.
Only the surge
without cell or freedom,
only the surge.

3

Tu población de fuego
me vio volver,
sus seres en constante movimiento,
su mensaje.
Todo se sentía disuelto
en una capa densa,
el mar aquél.

Noté que comenzaba a replegarse.
Alargué el brazo.
Mis dedos anhelaban mojarse apenas,
como en una pila antigua,
bautismal…

4
Mar abierto

Ese mar hizo de mí
una madreperla consagrada,
una vasija llena de algo
que se va
o simplemente se evapora
a ritmo propio.
Flor *aguamarina*,
olorosa a sal
y húmedos abrazos
entre una vida y otra,
sin orillas.

3

Your village of fire
saw me return,
its beings in constant movement,
its message.
Everything felt dissolved
in a dense layer,
that sea.

I noticed it began falling back.
I reached out my arm.
My fingers yearned to get wet,
as in an old,
baptismal font…

4
Open Sea

That sea made me
into consecrated mother-of-pearl,
a vessel full of something
that goes away,
simply evaporates,
at its own pace.
Aquamarine flower,
fragrant salt
and damp embrace
between one life and another,
without edges.

5
Mar adentro

Te vi a lo lejos, desde muy lejos,
pero no yacías en la barca,
el horizonte.
Caminabas, escondiendo
algún destino.
Tu expresión
me era inconfundible.
Tu manto de azafrán,
una urna *viva*.
Creí que me llamabas.
Pasé los dedos por tu piel
deseando guardarla
en la memoria del corazón.
Entre la niebla,
tus párpados temblaron
al sentirme.
Y yo también.
La rosa de los mundos giró
hasta secarse. Se hizo luz.
Ni una lágrima en sus pliegues.
En su centro fresco,
tu ojo espeluznante,
lleno, por primera vez,
de una ternura incontenible.
Acababas de morir,
aurora,
en la noche oscura
de mi cuerpo.

5
Out to Sea

I saw you in the distance, from a distance,
but you weren't laying in the boat,
the horizon.
You were walking, concealing
some destiny.
Your expression
was unmistakable.
Your saffron robe,
a *living* urn.
I thought you called to me.
I passed my fingers over your skin
wishing to keep it
in my heart's memory.
In the fog,
your eyelids twitched
touching me.
And so did I.
The rose of worlds turned
until it withered. It made light.
Not one teardrop in its folds.
In its fresh center,
your horrifying eye
open, for the first time,
brimming with tenderness.
You had just died,
aurora,
in the dark night
of my body.

NOTES

The epigraph is from Jakob Böhme's *Aurora oder Morgenröte im Aufgang* (1612). The English version is from John Sparrow's translation, *Aurora, that is, the day-spring...*, 1656.

La vasta imagen del Spiritus Mundi... / When a vast image out of Spiritus Mundi...: The title is from W.B. Yeats' "The Second Coming."

Advanza / Advance: The italicized portion beginning "*Memory, in you...*" is from Seamus Heaney's "On Wordsworth."

Climatica / Climatic: The italicized passage is from "Song of the soul that rejoices to know God by faith" by Saint John of the Cross.

Las Aves / The Birds: The quoted passage in section V, "She seldom complained," is from Ramon Lopez Velarde's "Mi pecado." The epigraph to section VI is from Philip Larkin's "Reference Back" and the epigraph to section VII is from his poem "Many Famous Feet Have Trod."

In Memoriam Victoria / In Memoriam Victoria: The epigraph is from William Wordsworth's *Prelude*.

Tierra / Earth: The quoted passage is the entirety of Anna Akhmatova's "The Muse."

Árboles / Trees: The quoted passage is from Robert Lowell's "Skunk Hour."

TRANSLATOR'S ACKNOWLEDGEMENTS

Thanks, first of all, to Pura López-Colomé for allowing me to translate her work and for her guidance and encouragement along the way. I am grateful to those who read versions of these translations and offered comments, among them Forrest Gander, Cece and Kerin Holt, Stephen Koelz, Carl Phillips, and Michael and Barbara Taylor. Thanks also to Alfredo Herrera Patiño, Jeffrey Shotts, and John Tranter for their valuable assistance.

Many thanks to the editors and readers of the following journals in which versions of these translations first appeared: *Brooklyn Rail*, *Can We Have Our Ball Back?*, *Circumference*, *Cultural Society*, *Green Integer Review*, *Lung*, *New American Writing*, *Shearsman*, and *Sirena*.

Finally and especially, my thanks to Margaret Funkhouser for her faith and encouragement.

—J.S.

PURA LÓPEZ-COLOMÉ is the author of nine collections of poetry, including *La Tragaluz de Noche* and *Musica Inaudita: Poesia 1985-2000*. A translator as well as a poet, López-Colomé has rendered major works by Seamus Heaney, Louise Glück, Gertrude Stein, and others into Spanish. She lives with her family in Cuernavaca, Mexico.

JASON STUMPF was raised in Tennessee and is a graduate of Washington University's writing program. His poems and translations have appeared in *LIT, New American Writing, Post Road, Shearsman,* and elsewhere. He currently lives in Rhode Island.

www.ingramcontent.com/pod-product-compliance
Lightning Source LLC
Chambersburg PA
CBHW031154160426
43193CB00008B/359